Shadow River Books
King George, Virginia, USA
© 2024 par Debra Hewitt.

Traduction française de Sharon Hewitt Rawlette
Texte original et illustrations de Debra Hewitt

ISBN: 978-1-945472-25-1 (broché)
ISBN: 978-1-945472-26-8 (e-book)

Visiter www.shadowriverbooks.com pour un enregistrement audio de ce livre.

Pour Atticus et Isaac,
qui ont inspiré ce livre.

J'espère que vous chérirez toujours
le lien spécial qui existe entre frères.

Quand tu as un frère…

tu as une main à tenir.

qui aime aussi traîner
à la maison.

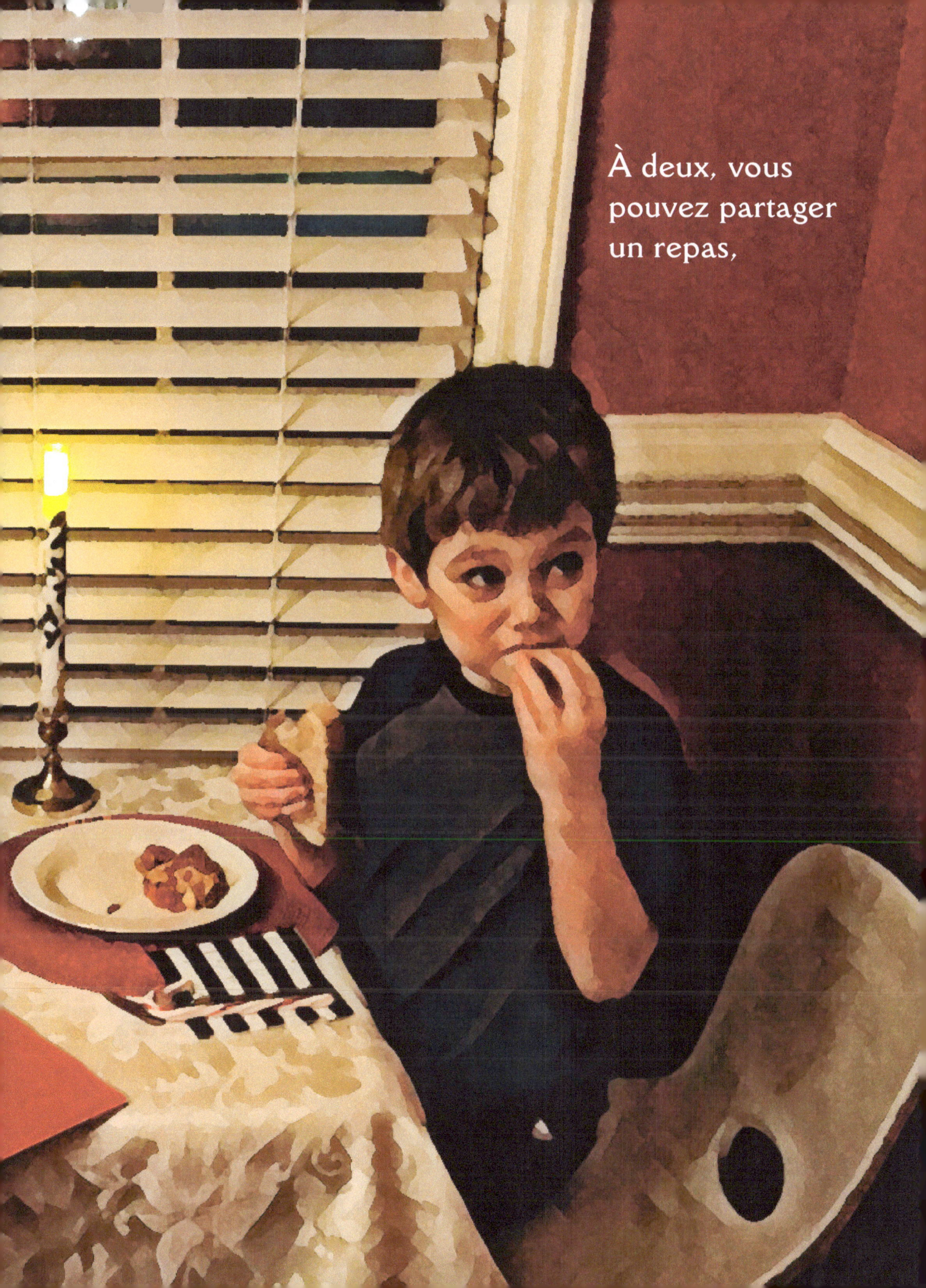

un conte ou un câlin.

Si tu as un grand frère, tu as quelqu'un pour veiller sur toi et te protéger.

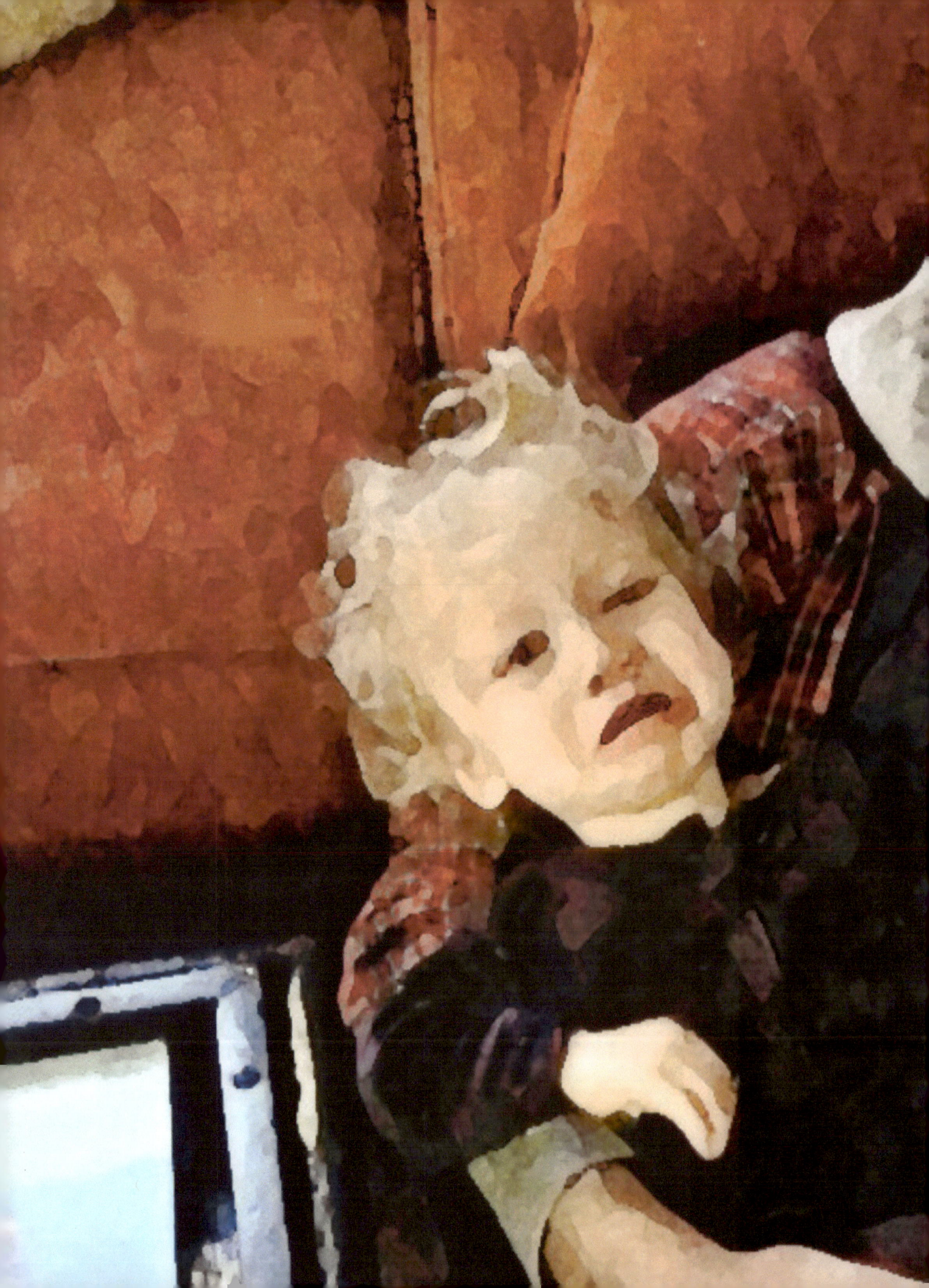

www.ingramcontent.com/pod-product-compliance
Lightning Source LLC
Chambersburg PA
CBHW041530070526
44586CB00002B/30